ANIMALES EN TU JARDÍN

LAS ARDILLAS

por Genevieve Nilsen

TABLA DE CONTENIDO

I0807801

tadpole en español

PALABRAS A SABER

garras

invierno

nuez

pelusa

rama

salta

LAS ARDILLAS

¡Una ardilla salta!

rama

Aterriza en una rama.

Se agarra a ella.

Las garras le ayudan.

El árbol es su hogar.

Ella baja.

Encuentra una nuez.

Esconde la nuez para el invierno.

El pelusa gruesa la mantiene caliente.

¡Buenas noches!

¡REPASEMOS!

Las ardillas tienen colas grandes y peludas. ¿De qué color es esta ardilla?

ÍNDICE